영원한 사랑을 위하여

신재미 제3시집

세종문화사

*이 시집은 문학인을 돕는 한 분의
후원으로 발행되었습니다.

이 책의 삽화는 저자 신재미의 그림입니다.

시인의 말

　모란꽃 가득 핀 공원 정자에 앉아 은은한 향기에 영혼까지 내주고 나 또한 한 송이 꽃이 되었을 때 전화벨이 울렸다. 제3시집 발행에 관한 소식이었다. 감사한 마음 다 표현할 수 없어 가슴에 고마움을 눈물로 썼다.
　"톨스토이는 세상에서 가장 중요한 때는 지금이고, 가장 중요한 사람은 지금 함께 있는 사람이며, 가장 중요한 일은 지금 곁에 있는 사람을 위해 좋은 일을 하는 것이다."라고 말했다. 살다 보니 이 세 가지가 가장 중요하고, 세상을 살아가는 이유인 것 같다.

　세 번째 시집이 발행되게 된 동기가 사랑이다.
　그리스도의 선한 믿음과 사랑을 바탕으로 사업을 하시는 세종문화사 이종기 사장님과 선뜻 마음을 내주시고 문학인을 돕는 사랑과 자비의 손길이 있으므로 가능해진 일이다. 값없이 받는 사랑의 가치를 작은 마음으로는 잴 수가 없다. 또한 그 사랑을 갚을 수 없다. 그것은 신의 은총이 아니면 물 한 컵도 나눌 수 없기 때문이다.

　『영원한 사랑을 위하여』 시집이 발간되어 단 한 사람의 가슴이라도 울릴 수 있기를 바라는 마음이다.
　큰 사랑을 베풀어 주시는 세종문화사와 관계자 여러분께 진심으로 감사드립니다.

2024년 6월

차례

시인의 말 ···· 3

제1부 영혼의 서정

영원한 사랑을 위하여 ···· 10
영혼의 서정 ···· 11
금빛 환상조 ···· 12
참된 스승 ···· 14
골목 풍경에서 바다를 그린다 ···· 15
겨울 속의 세한도 ···· 16
봄 향기에 취하다 ···· 17
구름꽃 연가 ···· 18
내일을 향해 가는 길 ···· 19
술병 속에 핀 꽃 ···· 20
우리의 삶은 나그네 ···· 22
인생 여정 ···· 24
자연에서 읽는 무소유 ···· 25
모든 것은 때가 있는 법 ···· 26
병폐 ···· 27
마음을 모르는 삶 ···· 28
살아 보니 행복이란 ···· 30
보석 같은 존재이거늘 ···· 31
순례자의 삶 ···· 32
욕망의 끝은 ···· 33
안드로메다를 꿈꾸는 사람들 ···· 34

제2부 향기에 취하니 인생이 보인다

향기에 취하니 인생이 보인다 ···· 36
풀꽃 인생 ···· 37
먹둥구미 사랑 ···· 38
가슴에 수레 지나가던 날 ···· 40
사랑은 오늘도 ···· 42
수몰된 고향 ···· 43
단양팔경 ···· 44
그리운 시절 ···· 45
언덕에 올라 ···· 46
글로 집을 짓는 자 ···· 47
신의 특사 ···· 48
이제는 변화하자 ···· 49
천 개의 깃발 ···· 50
꽃을 보고 힘을 얻는다 ···· 52
나는 거북이 ···· 53
내 삶은 ···· 54
내가 온 길 뒤돌아보니 ···· 55
바람의 문장이 전하는 말 ···· 56
함부로 부를 수 없는 이름 ···· 58
월하(月下) ···· 59
영화 같은 오후 ···· 60
어느새 나의 계절도 ···· 61
사랑의 울타리 ···· 62

제3부 길에서 잃은 길

길에서 잃은 길 ···· 64
지혜로운 지도자 ···· 65
호밀밭에서 ···· 66
평화를 위한 기도 ···· 68
그대는 내일의 희망 ···· 70
플럼코트 ···· 71
공허한 도시 ···· 72
투탕카멘 ···· 73
빛을 훔치는 도둑 ···· 74
자연의 소리로 가슴을 열자 ···· 75
가을 휴거 ···· 76
입추 무더위 ···· 77
전쟁 중인가 ···· 78
검은콩 흰콩 ···· 79
세종로에 핀 나라꽃 ···· 80
우이령길 ···· 81
코드에 걸려 넘어지다 ···· 82
애벌레 ···· 83
지하철에서 ···· 84
소 떼들이 주는 희망 ···· 85
환승을 잃어버린 계절 ···· 86

제4부 그대여 팔월이 되거들랑

그대여 팔월이 되거들랑 ···· 88
바람이 가져간 꿈 ···· 89
느리게 지는 목련 ···· 90
들꽃 핀 언덕에서 ···· 92
부활의 계절 ···· 93
하회마을에서 ···· 94
하일반 아가씨 ···· 95
혜초섬 ···· 96
신비한 새 ···· 97
가을 수종사에서 ···· 98
송다의 작품 ···· 99
교동의 밤 ···· 100
오늘은 내 인생도 금빛 ···· 101
수빙(樹氷) ···· 102
불가사의 풍경 ···· 103
서래섬 ···· 104
인성암 ···· 105
대지(大地)의 공주여 ···· 106

제5부 송죽매가 그린 풍경

송죽매가 그린 풍경 ···· 108
꽃놀이 가자 ···· 109
극락조 ···· 110
승두화(僧頭花) ···· 111
성당의 감나무 ···· 112
마음을 읽는 꽃집 ···· 113
선운사 동백나무 ···· 114
선비화 ···· 115
나무 닭발 되던 날 ···· 116
도라지꽃 ···· 118
억새 ···· 119
벌써, 봄 ···· 120
다시 동면에 든 봄 ···· 121
자귀나무 ···· 122
사랑나무 ···· 123
여름 가객 ···· 124
아마존 가시연꽃 ···· 125
마음을 읽다 ···· 126

제1부
영혼의 서정

영원한 사랑을 위하여

들꽃 화사하게 핀 어느 시골길을 걷다
양잠업 농가를 만나거든 마지막 잠에서 깨어난
누에 한 마리 가슴에 품자

꿈틀거리는 미물이라 말하지 말자
버릴 것 하나 없는 몸
정성 다해 열세 마디에 사랑을 심자

말갛게 몸 익은 날 제 몸 풀어 짓는 집
명주실 자락 끝이라도 잡고
사랑의 실타래를 엮어 보자

이리 살아도, 저리 살아도 백 년인 인생
나비도 못 되고 번데기로 생을 마친다면
사랑하는 이의 가슴에
영원한 사랑 꽃피울 밥이 되자

행여 그대의 심령에 뿌리내려
동충하초 될 수 있다면
별이 눈처럼 쏟아져 내리는
탕보체 언덕의 별이 되자

영혼의 서정

영원이라는 말속에
기대어 울 수 있는 가슴은
존재하지 않는 건가요

사랑이란 말속에
마음 두고 살아갈 그리움은
존재하지 않는 건가요

당신의 말 한마디에
에덴을 잃어버린 가슴엔
온갖 슬픔 밀려오나니
뮤즈(Muse)여 노래하라

혼돈(混沌)으로 헝클어진 마음
지혜로 푸는 방법을
인내가 삶의 법칙이며
신실한 사랑의 척도라는 것을

*뮤즈: 그리스 신화에 나오는 학예의 여신

금빛 환상조

수종사에 올라
수백 년 세월을 굽어본
은행나무 앞에 엎드려
영혼을 살핀다

세상 번뇌 떼어 내지 못한 채
발가벗겨진 몸
노란 잎으로 가리려 한들
발등 하나 제대로 가리지 못하고
다시 세상으로 향하는 눈

남한강에서 피어오르는 물안개
검단산 자락 끌어안고
어두운 세상 덮음을 보고
황홀경에 빠진 가슴
홀로 팔딱거린다

무수한 세월 추일이면
금빛 새 날려 보냈어도
한 마리 되돌아온 적 없다며
인생은 이와 같다 말씀하신다

한번 가면 되돌아올 수 없는 길
사계절 몸으로 쓰는 편지
제 몸 녹여 거름이 되기까지
투정 한번 없는 낙엽보다는
낮게 살아야 하지 않겠냐고

참된 스승

반백 년 세월을 살다 보니
이런저런 이름을 붙인 벗들이 있다
먹을 것을 요구하는 사람
정신을 요구하는 사람
여행을 함께 하는 사람
그런 반면 무엇을 주기만 하는 벗들도 있다
그 가운데 책을 보내 주는 스님이 있다
스님은 인간의 삶과 영혼을
윤택하게 해 주는 책을 보내온다

'술몽쇄언'과 '여름에 내리는 눈'은
내가 즐겨 읽는 책이다

책은 얇고 작은 잠언서다
인간의 삶은 결국 꿈속 같다는 '술몽쇄언'
감각기관에서 일어나는 모든 일 영혼의 눈으로 보고
다스릴 줄 아는 지혜 찾게 하는 '여름에 내리는 눈'
책 읽다 보면 지혜로워져
고집스러운 자아에서 해방되고
외적 내적 엉킴을 푼다
살다 보니 가장 큰 스승은 책이다

골목 풍경에서 바다를 그린다

비린 바람이 골목을 휩쓸고 지나갔다
행여 몸에 냄새가 밸까 노심초사하던 마음
온몸에 석쇠 그물망 문신을 한
고등어 앞에서 걸음을 멈췄다

켜켜이 쌓인 몸은 다비식을 치르다 건져진 몰골
검푸른 살가죽 검게 그을렸으나
아직도 고향으로 돌아갈 꿈을 꾸는 듯
초롱초롱한 눈망울

푸른 바다를 항해할 때
이런 골목 쟁반에 팽개쳐져 생을 마감할 것이라곤
꿈도 꾸지 않았을 것이다
눈물겨운 적멸의 잔혹한 이식
은하의 뱃길을 바라보다
할딱이던 숨 끊어지는 줄도 몰랐을 게다

만물의 영장이라더니 인간의 탐욕
미물도 생물도 배 속으로 밀어 넣기에 급급하다
지구의 모든 생명체는 거룩한 순례자
아, 바람만 먹고 살 수는 없는 것일까

겨울 속의 세한도

천하를 냉동고로 만드는 시베리아 한파
한반도를 점령한 날이다
마주치는 사람들은 모두 눈동자만 깜빡이는 외계인
영혼마저 꽁꽁 얼어붙은 표정이다
나 또한 절대고독 한 짐 짊어진 듯 움츠리고 걷는다
춘당지 연못가에 이르렀을 때
정신을 깨우는 고양이 두 마리
영하 15도의 매서움을 울음으로 밀어냈다

등 떠밀려 뛰어든 온실 봄이 무르익었다
동백은 벌써 계절을 건너고
낙하한 붉은 꽃잎 핏빛이 짙다
영춘화는 노란 날개 살랑살랑
새도 아니면서 새로 추앙받는 홍천조
붉은 날갯짓에 미혹된 마음
몸속 가득 꽃향기를 밀어 넣는다

인생의 길이 꿈이라지만
때로는 환상에 취해
먼 과거 어느 때를 소환해 행복이라 하고
때로는 먼 미래로 달려가 사랑의 빛을 쏜다

봄 향기에 취하다

문학의 향기 따라 찾은 마을
사라진 것은 아무것도 없다
신남역도 이름만 바뀌었을 뿐
소설의 배경들은 오늘도
신작 집필 중이다

그분이 걷던 길
작품에 등장한 배경을 따라 천천히 걷다가
실레마을 동서쪽에 있는 산을 올랐다

마을이 내려다보이는 곳에 앉아
집터를 바라보니 봄기운 살랑살랑
작가가 되고 싶은 사람들
명작을 꿈꾸는 사람들
줄을 잇는다

29세 청춘을 병마의 제물로 바친 김유정
그가 남기고 간, 생의 발자취
오랜 세월이 흘렀어도
생강나무꽃 향기처럼 상큼하다

구름꽃 연가

석양빛 짙더니 산봉우리 위로 꽃이 피었다
붉고 싱그러운 꽃
하늘도 강물도 동색 되어 부르는 연가
기름진 산하(山下) 품에 안고 어스름 속으로 향한다

초를 다투며 변하는 색
내일의 번영을 노래하는 것일 게다
꽃으로 태어나 안개처럼 스러져도
고귀함은 늘 세인들의 가슴 어루만진다

머무는 곳 일정치 않아도 불평하지 않고
때로는 눈이 되고
때로는 비가 되어
우리 가는 길 벗이 되어 주니
네가 피운 꽃 한 다발 거룩함 그 자체다

이제, 저 산을 넘어
초연히 흐르는 별빛 아래서
긴 밤 지새운 후
광명의 아침 밝은 태양 아래
새 희망을 펼쳐 보자

내일을 향해 가는 길

좋은 글쓰기 식물원 탐방을 하는 날이다
일기예보는 폭염이라더니 소나기가 내린다

주제 정원에서 마주친 집 한 채
가슴을 흔든다

거센 비바람도 잘 견디어 내는
한 올 한 올 비단실 엮어 짠
허공에 핀
물방울 영롱한 꽃이다

나도 거미처럼
가슴에 방적돌기(紡績突起) 하나 있으면 좋겠다
미래를 예측할 수 없는 풍파 많은 이 세상
심연의 빛만으로 나선형(螺旋形) 길을 내고
행복의 꽃 피울 수 있도록

술병 속에 핀 꽃

성황당 모퉁이 집 술주정뱅이 딸은 꽃순이
늘 머리에 꽃 한 송이 피었다
철 따라 피는 꽃
때로는 들의 잡초도 꽃이 되었다
겨울에는 마른 갈대꽃
동네 사람들은 미친년이라고 손가락질했지만
누가 무슨 말을 해도 상관없는 듯
그녀의 얼굴에는 사계절 웃음꽃이 피었다
한쪽 신발만 신고도 히쭉히쭉
풀어 헤친 머리카락 산발이 되어도 히쭉거렸다
아이들은 그녀가 나타나면 떼 지어 따라다녔다
입춘 날 저녁 징 소리가 요란했다
담장 돌 틈으로 안을 엿보았다
울긋불긋 치장된 방문은 활짝 열렸고
뱀이 담긴 술병 앞에서 무속인은 큰 소리로
주문을 외쳤다
그녀는 온몸에 꽃을 달고, 잘린 수탉 머리를 들고
춤을 췄다
눈이 마주친 순간 있는 힘을 다해 도망쳤다
뒤숭숭한 꿈자리 떨치고 난 아침
등굣길에 무녀가 그녀를 데려갔다는 말을 들었다

그 후, 마당엔 잡초가 무성할 뿐 인기척은 없었다
댓돌에 놓인 신발은 바래져 가고
마당에 쓰러진 술병은 휘파람을 불었다
마을 사람들은 그녀의 혼령일지 모른다고 수군거렸다
입추 날 아침, 푸른 꽃 한 송이가 술병 속에 피었다
사방으로 줄기 뻗던 닭의장풀
술병에 꿈을 펼쳤다
지금도 푸른 꽃을 보면 그녀가 떠오른다

우리의 삶은 나그네

아침 산마루에
안개구름 피어오르듯
살아가는 것이 우리들의 삶

햇살 쏟아져 내리면
안개 사라지듯
우리의 삶도
주어진 시간 다 차면
떠나야 합니다

빈손으로 이 세상에 온 몸
빈손으로 갑니다

사랑하는 아이들도
평생을 함께했던 남편도
함께 갈 수 없습니다

안 보면 죽을 것 같은 심정도
죽음의 이별 앞에서는
뜨거워 가슴 애태우던 사랑도
결국 다 두고
홀로 외로이 가야 하는 것이
우리의 인생입니다

이제는 이별을 생각해야 할 때입니다
석양 따라 한 걸음씩 앞으로 나아가야겠습니다

인생 여정

팔월의 산과 들
초록빛 짙은데
마음은
사막을 횡단 중이다

대지가 뿜는 열기
정수리를 내리쬐는 태양
흘러내리는 땀방울
그늘을 찾는 이유다

어린 시절에는 부모님이 그늘
청춘의 때엔 사랑이 그늘
세월 흘러 어느새 황혼길
마음은 여전히 그늘을 찾는다

노년의 갈증
세상 방법으로는 해결이 안 된다고 하지 않던가
그럼에도 마음은 길을 떠난다
안식의 그늘을 찾아

자연에서 읽는 무소유

정원의 두 그루 감나무
홍시가 되면 눈빛 닿을 때마다
침샘을 자극한다

감은 새들의 양식
까치가 먹고 나면 직박구리가 먹고
자리 비우면 참새가 먹는다

자연의 순리를 따르는 새들
열린 것 많아도
정한 것 다 먹을 때까지
다른 것을 탐하지 않는다

세인들이여 홍시 먹는 새
눈여겨보십시오
진정한 무소유에 대하여
자연이 말을 한다니까요

모든 것은 때가 있는 법

속 터진다고
머리 싸매고 누운들
그 마음
하늘이 알까

세상은
돌고 돈다

가지 말라 해도 시간은 흐르고
붙잡아도 세월은 간다

운명이란 길할 때가 있으면
흉할 때도 있으니
길흉화복 피해 가는 길 누가 알랴

매사에 조심조심
살얼음 위를 걷듯 하자

병폐

삶
바람처럼 오고 바람처럼 가야 하는데
지혜의 길 잃어버린 자아(自我)
상념(想念)의 숲 떠돈다

심신(心身)의 자유를 빼앗긴 영혼
내일 일을 모르니 천 년을 살 것처럼 살아간다

몸과 마음,
아니 삶의 모든 것이
내 것이 아니라는 걸
일찍 깨달을 수 있다면 얼마나 좋을까

살다 보면 심장(心腸) 뛰게 하는 일이
어디 한두 가지랴

마음을 모르는 삶

백로(白露) 아침 대기 중의 수증기 엉켜
풀잎마다 이슬 영롱히 맺힌다는데
가을을 재촉하는 빗소리 우렁차다

으슬으슬 떨리는 몸, 늦잠 청하려다
비명 소리에 놀라 밖을 보니
화단에 올라 쓰러진 자전거
무지개 우산에 매달려 가는 장화 두 켤레
생방송 중이다

서로의 마음을 모르는 길
누구를 탓하랴
쓰러진 자전거 끌어안고
우중 꽃밭 그림이 된 여인
몸집보다 큰 우산에 갇혀
세상으로 가는 아이들

백로에 비가 내리면
십 리 천 석을 늘린다는데
농부의 마음을 모르는 가슴
가을비에 얽힌 전설을 읽고

백로에 얽힌 새 이름을 불러본다
추분까지 보름, 삼후(三候)로 나누니
초에는 기러기가 돌아오고
중후에는 제비가 돌아가며
말에는 새들도 먹이 저장을 한다

비는 후드득후드득 쉼 없이 창문을 두드리지만
유리창 밖 세상을
그림으로만 보는 무덤덤한 가슴
달콤한 커피 향기에 이끌려 찻잔을 든다

살아 보니 행복이란

격려 한 마디가 기쁨이 되고
함께 나누는 차 한 잔이
행복입니다

헛된 생각을 품지 않으면
사소한 일에
마음이 즐겁고 행복합니다

상쾌한 아침을 맞이하고
하루를 살아갈
에너지를 주고받는 것
쉬운 것 같지만
마음 열지 않으면 어렵습니다

이렇게 하면 어떤지요

먼저 손 내밀고
먼저 마음 문 열고
먼저 웃어 주는
삶 말입니다

보석 같은 존재이거늘

이 땅으로 올 때는
혼자 울고
저세상으로 갈 때는
혼자 웃는 것이 인생이라 하지만
종말을 생각하며 사는 자 얼마나 될까

지혜로운 자는
진귀한 수석만 탐하지 않는다
자갈 하나, 모래 한 알이
시간의 파편임을 알아
풍랑 속에서 선한 뜻을 찾고
침묵 가운데서도
달빛의 흐느낌을 듣는다

풀꽃 같은 삶이거나
보석 같은 삶이거나
인생은 소중하다

우리가 그 소중함의 의미를 미처
깨닫지 못할 뿐

순례자의 삶

목적지 몰라도 걷는다
지표가 없어도 걷는다
내일이란 희망만을 바라보고

인생의 우주를 짊어지고
성큼성큼 걷는다

영광은 꿈같은 이야기
살아 있다는 것만으로도
가슴은 늘 두근두근

걷고, 또 걷다 비라도 내리면
빗방울에 목 축이고
그늘이면 쉬어 가련만
비도 내리지 않고
끝도 보이지 않는 길

감성보다 빠르게 달려온 삶
노을빛 내린 강변이
저 앞인데
아직도 꿈은 살아 있다

욕망의 끝은

배달된 신문을 펴니 심장 이야기가 두 페이지
신이 허락한 백 년이 모자라
우주 에너지로 연장하려는 수명
무엇을 위한 것인가
얼마를 더 살아야 신의 세계를 보는 눈이 열릴까
십 년 기운(氣運) 열어 갈 이천이십 년 봄
왕관의 탈 쓴 역병 앞에 맥없이 쓰러졌다

역병이 선포된 지구촌 창살 없는 나 홀로 감옥
우습게 보다가는 가족도 생이별이다

신의 영역 침범한 과학자들이여
테라포밍(Terraforming)은 아직 인가요?
달나라 여행 가고 화성도 가겠다는 우주개발의 비밀
언제이면 평화의 깃발 펄럭일 건가요?

박쥐가 태양을 사모한다던 전설
헛소문이 아닌가 보다

*테라포밍(Terraforming): 지구가 아닌 다른 행성 및 위성, 기타 천체의 환경을 지구의 대기 및 온도, 생태계와 비슷하게 바꾸어 인간이 살 수 있도록 만드는 작업을 말한다.

안드로메다를 꿈꾸는 사람들

오늘은 블루문이 뜨는 밤
몇 해 전, 빗물에 취해
다녀가는 줄도 모르고
다시 기다리기를 삼 년
그리움 만조가 된 심연
폭염주의보나 열대야 현상도
설레는 가슴 잠재우지는 못했다

가만히 있어도 땀샘 열리는 밤
강변으로 가는 길
기대에 찬 발걸음이 흥겹다

모퉁이를 돌아서니
들려오는 소리가 장조음이다
마중을 나온 이들 노랫소리
아이들 웃음소리, 강아지 방울 소리

그래, 만물은 어울려 사는 게다
하늘과 땅이 조화로운 세상을 만들고
만월의 상서로움 함께 나누며
서로의 마음에 행복의 꽃 피우는 게다

제2부
향기에 취하니 인생이 보인다

향기에 취하니 인생이 보인다

오늘은 *소서(小暑)
더위 피해 강변으로 갔다
열기는 필사적으로 따라붙었다
명품이라던 대나무부채도 소용없고
냉수도 갈증을 풀어내지 못했다

강변길을 걷다 버드나무 아래로 갔다
꽃 많이 피던 봄
특색 없어 눈길 받지 못하던 풀
옷깃 스쳤더니 인기척에 놀란 듯
특유의 향기를 뿜는다
더위를 산산조각 낸
상큼한 박하 향기 뇌를 점령했다

자연의 힘 가슴 열더니
기쁨, 노래가 되었다

나는 어떤 향기로 살고 있나

*소서(小暑): 이십사절기의 열한째 절기(양력 7월 7일 경이며,
 이때부터 본격적인 무더위가 시작됨).

풀꽃 인생

세상 태어나 배운 첫 말은 향기
향기는 엄마의 다른 이름이다
집 울타리 안팎을 꽃으로 가꾼 엄마
엄마의 뜰에서는 사계절 향기가 풍겼다

평생을 꽃에 묻혀 산 몸
향기 각인된 세포
결국 내 마음이 쉬는 공간마저
들꽃 피는 언덕이 되었다

육신의 만족으로는 영혼의 갈급함 풀지 못하는 것일까
어른이 된 지금도 틈만 나면, 들과 산으로
향기를 찾아 나선다

삼천리 방방곡곡에서 만나는 자연의 향기
납작 엎드려 흡입하는 풀꽃 향기
빗방울 후드득후드득 떨어질 때
흙이 뿜어 주는 대지의 향기에
닫힌 가슴이 열린다
세포가 열린다
호흡만으로도 다시 살아갈 에너지를 채운다

멱둥구미 사랑

블루문 양력 기준 보름달이 한 달에 두 번 뜨는 달이다
밤 열 시 빛이 밝기에 방화근린공원에 갔다
체험 마당을 지나다 대청마루에 전시된 공예품과
마주쳤다
소와 말 등에 달빛 서성이니
잠을 자는 듯했다

구석에 쭈그러진 멱둥구미 까칠한 털
아버지 품을 열었다
천안으로 이사 후, 아버지 생신에 갔더니
완전히 익은 가을빛 볏짚 몇 단 얻었다며
보름달처럼 웃으셨다
추수 끝난 빈 들판처럼 자식들 모두 떠나보낸 후
도시의 삶 쓸쓸함을 둥구미에 엮으셨다
한 올 한 올 엮이는 지푸라기
아버지의 긴 여정을 담았다

칠순 연세에 만들어 낸 것은 사랑둥지
사랑을 담는 그릇되어
자식들이 둘러앉아 주고받는
소소한 안부를 담고 정을 담았다

아흔을 넘긴 겨울
아버지는 하늘의 별이 되었다
평생 받는 것보다 베풀기를 좋아하셨던 사랑
때로는 지푸라기 한 올처럼
때로는 멱둥구미 아늑한 품처럼
생을 살아갈 활력소가 된다

가슴에 수레 지나가던 날

심장마비라는 단어가 귓전을 울리는 순간
생을 끌고 가던 수레
가슴을 짓눌렀다

별일 없기를 빌고 또 빌었다
행주대교를 지나는데 전화벨이 울렸다
언니 장례식장으로 와
앞도 뒤도 없는 문장 하나 남긴 전화
신호음이 끊겼다

앞에 앉았던 여동생은 오열했다
목이 터져라 울부짖는 소리는 동승한 이들
가슴을 찢어 놓았다
너도 형제고, 나도 형제이건만
그녀의 애통함은 장례식장에 도착하도록 이어졌다
슬픔은 눈가에 매달려 얻어맞은 여인처럼
얼굴을 퉁퉁 붓게 했다
인연이 무엇인지, 정이 무엇인지
부모의 피를 나눠 가졌다는 이유만으로
밤낮 울어대는 여동생
하나밖에 없는 남동생이니 그럴 수밖에

차마 부모님께는 사실도 알리지 못한 채
장례는 치러졌다
화장하고 양지바른 납골당에 유골을 안치했다
하나밖에 없는 아들은
무덤덤한 표정으로
아버지 가는 길 시중을 들었다
유골함을 안은 모습에 남동생 형상이 스쳤다
어린 날이 반영된 듯 걸음걸이 하나까지도
그 녀석이다

납골당을 나오니 오전 내내 내리던 눈발은
서쪽 하늘에 붉은 십자가 되어 빛난다
십자가에 불이 타오르는 듯한 형상의 석양빛
아주 천천히 산등성이를 향했다

지난 삼 일 수레에 짓눌렸던 가슴이 열렸다
그래, 네 수명의 연한이 여기까지인 것을 슬퍼했구나
잘 가라
지구별의 이별 잠시 애달파도
하늘나라에서의 아름다운 만남 기대한다

사랑은 오늘도

한식날 오후, 복숭아꽃 살구꽃 화사한
이향정에 오르니
크고 낮은 산봉우리
병풍이 된 연둣빛 산
절경이다

도담리 마을을 안고 흐르는 남한강
삼봉 나루에는
사공 없는 빈 배만 흔들흔들
옥빛 윤슬 헤치며 노를 젓는다

삼도정을 배회하는 재두루미 한 쌍
나그네 심정 꿰뚫어 보았는지
먼 옛날 풍경
펼쳐 놓았다

석양빛에 물든 금빛 노을 찰랑이는 강가에
아버지 손잡고 걷는 어린 소녀
이명이 된 웃음소리 메아리로 울리니
별이 되신 아버지 사랑
행복의 꽃으로 핀다

수몰된 고향

해마다 봄이 되면 마음은
고향으로 간다
복숭아꽃, 살구꽃 피어 꽃 울타리가 된 뜰
어른이 된 지금도 행복해지는 꿈을 키운다

사금파리 한 조각, 꽃잎 한 줌이면
눈으로 풍경을 먹어도 배부르던 봄
가족과 친구들, 태어나고 자란 고향
이별이란 없는 줄 알았다

과학의 힘에 **빼앗긴** 고향
수십 년이 지났어도 돌아갈 수 없다
가끔, 유람선에 실려 고향 근처를 다녀왔다는
벗들의 노래가 바람에 실려 온다

고향이란 말 얼마나 좋은가
고향이 있다는 것 얼마나 기쁜 일인가
잃어 본 자는 안다
그리움이 꽃불처럼 타오르는 봄이 되면

단양팔경

내 고향은 단양
충주호 수몰로 사라진 단양
이주된 도시는 옛 이름으로
타향살이에 배고픈 자들을 불러 모은다

형상은 물속에 수장되어
새 역사를 써 내려가도
관광지로 태어난 도시
명소를 따라 걷는다

석문에 올라 옥같이 맑은 물 위로 솟은
세 봉우리 바라보면
금빛 파도 너울지는 삼봉
석양빛에 물드는 도담마을
남한강 비경을 노래한다

옥순봉 구담봉 상선암 하선암 사인암 잔도길
물이 불러 모으는 전국의 관광객
여기가 명소일세, 저기가 절경일세
감동의 메아리 물 따라 전국으로 간다

그리운 시절

청보라 꽃잎에 이슬방울 초롱초롱한
태양을 부끄러워하는 소녀
맑은 거울이다
잎을 비추는 거울
꽃을 비추는 거울

공상(空想)의 꼬리에 매달린 마음
나팔꽃 줄기만큼이나 길게 자라났다
울타리를 넘어 시간의 절벽을 내달리는 마음
멈출 줄 모르는 세월의 틈새
칭칭 감아올린 줄기처럼 억세다

세월의 벽을 오르느라 무디어진 마음
고운 것을 보아도 감흥이 없다
햇살 떠오르면 풀 죽어 스러지는 꽃잎이다

이보다 더 예쁜 꽃이 없던 시절이 있다
그립다 그 시절이

언덕에 올라

옛 추억 더듬어 찾아온 언덕
그리운 이들은 간데없고
들꽃만 살랑살랑
향기롭다

동심에 젖은 마음을
바람이 매만지고 지나간다

산 아래 굽은 황톳길에는
띄엄띄엄 자동차가 지나고
멀리 보이는 마을 어귀에는
어른 두 분이 걷고 있다

제자리걸음을 걷는 듯
느리게, 느리게

세월은 흘러도 추억은 영원하고
고향은 늘 그립다

글로 집을 짓는 자

마음의 소리로
문자의 집을 짓는 자여
그대 이름은
시인

꽃으로 피었기에
꽃잎으로 지는 생

무엇이 이보다 아름다우랴
무엇이 이보다 값지랴

우리는
문향으로 꽃을 피우고
마음의 향기에 가슴이 젖는
시인인 것을

신의 특사

시인은
우주 공간을 떠도는 바람의 방랑객
가슴만 살아서 가슴으로 말하고
가슴으로 듣는다

시인은
영혼의 춤꾼이다
보이지도 않는 길을
머리는 쉴 새 없이 걷고 날고
심장은 읊조린다

시인은
말의 신 주파수에 고정된
뇌에 돋은 뿔
영혼의 눈빛으로 읽지 않고는 알 수 없는
자음 모음 흩뿌리는 요정

시인은
의미와 소리를 엮어 한 편의 시로
인간의 목숨 멸하기도 하고, 살리기도 하는
금생과 황천 문 여닫는 생명의 특사(特使)

이제는 변화하자

수천 년의 역사를 가진 문학은
아직도 진화를 모른다
글로 가슴을 표현한다
문자로 마음을 표현한다

문학도 진화해야 한다

세상은 변화하고 있다
어둠에서 탈출한 세상은
밤도 대낮 같은 세상을 만들었다

지구가 좁다는 사람들은 우주로 날아간다

글로 쓰던 시
이미지로 쓰자
사물로 쓰자
세상은 융합의 밥을 먹는다
시도 융합의 옷 입자

천 개의 깃발

청동기시대 고인돌이 발견된 평창
고려 초에 지금의 이름인 평창현으로 개칭되었고
1392년 평창군으로 승격
조선시대를 지나고, 수백 년 세월이 흘렀으나
평창은 한 길을 걷고 있다

세월의 흐름 따라 나날이 발전된 평창은
산지개발정책 전개에 따른 축산업 발달과 목장의 증가
영동고속도로 개통 용평의 대규모 관광지 개발로
지역의 변모가 촉진되었다

2011년 7월 남아프리카공화국 더반에서 열린
IOC 총회에서 제23회 동계올림픽 개최지로 선정
아시아에서는 세 번째, 대한민국에서는 최초로 개최
7위라는 큰 성과를 거두었다

오대산과 대관령, 용평스키장이 관광명소 된 평창
가산 이효석의 문학 정신 계승과
한국의 문학, 서예, 미술 발전을 위해
위대한 성업을 기획 추진하여
시, 서화 기념 공원 건립을 위한 첫 깃발을 세웠다

대한민국 문학예술인들이여
가산의 문학 정신 뒤따르고
메밀묵 한 사발의 정신을 배워
세계로 나가는 길 초석이 되어 봅시다

작가들의 혼불 피워
시와 글씨, 그림 일천여 점
시비로 세워지면
자랑스러운 세계화에 요람이 될 것을 확신합니다

오늘 문학인 대축제 시발점으로 켜진 사랑의 불꽃
활활 타올라 꺼지지 않는 문학예술인
성지가 되게 하소서
평창에 타오르던 성화처럼
지구촌 사람들 가슴을 여는 불꽃이 되게 하소서

선자령, 발왕산, 오대산의 정기
대관령을 넘는 백두대간의 맑은 기운
평창 뜰 밟는 세인들에게
가득하게 하소서

오, 천 개의 깃발 속히 펄럭이게 하소서

*평창 시·서화 기념 공원 건립을 축하하며

꽃을 보고 힘을 얻는다

개발을 앞둔 마곡지구
쓰레기가 산이 된 공터에
핀 붉은 꽃 한 무더기

축 처진 꽃과 잎사귀
목마름은 줄기까지 꺾는데
짓궂은 햇살은
실핏줄까지 훤히 비춘다

양귀비꽃 앞에 앉아
꽃송이를 보는데
생은 고난의 길이라고 읽힌다

꽃잎처럼 흔들리며 사는 삶
순간순간 얼마나 자주 양귀비 닮은 얼굴을 했던가
마음 쉬러 온 산책길
꽃을 보고
새 힘을 얻는다

나는 거북이

세월은
시냇물처럼 흐르고
나는
느리게 천천히 걷는다

시간의 징검다리
삶을 살면서도
급한 것이 없다

주어진 길
사명이라 여겨
어제도, 오늘도
느리게 걷는 삶

내일이라고 달라질 게 없을 것이다

마음은 늘 바동바동인데
몸은 세월아 네월아
가는 세월에 끌려간다

어이하면 좋을까

내 삶은

오늘도 나는
가슴 벅찬 하루를 보내고
내일을 기대한다

하루의 시간으로 모자라
때로, 징검다리 시간을 밟고 살아도
모든 게 감사하다

우주 저쪽 세상을 소망하고
별들이 반짝이는 은하수로 소풍을 가는
자유로운 상상의 나래는
내 삶에 희망을 주는 꿈의 세계

삶은 늘
영혼의 날갯짓으로
하늘의 것을
그리워한다

내가 온 길 뒤돌아보니

청춘은 물과 같이 흐르고
청춘은 화살같이 날아갔다

청춘은 정오의 빛 같고
청춘은
날아가는 새와 같은 것

황혼길 들어서니
고운 것도 헛되고
부귀도 헛되고
지식도 헛되고
자랑도 헛되다

오직, 지혜자의 말씀에 순종하며
인간답게 사는 거라네

바람의 문장이 전하는 말

돌풍이 불 것이라는 예보는 있었지만
무서운 외침이다
놀란 가슴으로 창문을 바라보았다
분명히 인기척은 아니다
소름 돋는 흐느낌이 허공을 떠돈다
소리는 커졌다 작아지고는 한다

고요한 허공 어느 집에서
무엇이 떨어지는 소리가 들렸다
이어 창을 여닫는 소리가 들리고
다시 주변은 고요해졌다
시계는 새벽 2시

낮보다 맑은 정신이 되어
인터넷을 열었다
화면만 보고 선택한 영상은
티베트의 조장
한 무리의 까마귀 떼가 날아와 시체 파먹는 장면이다

다큐로 촬영한 것이라는 해설은 붙었지만
등골이 시리다

인간은 누구나 태어나면 한 번은 죽는데
죽음 후를 생각하며 산다는 것은
축복 아닐까

나는 죽음 후, 무엇을 바라고 사는 것인가

자아가 형성되기 전 받은 복음을 따라
오늘까지 걸었다
설사 그것이 진실이든 허구이든 난 상관 않기로 했다
세상의 것이 내 마음을 점령하기 전 성경을 배웠다

뇌는 단순하다
믿음의 심연에 띄워진 배는
각인된 길을 향해 걷고 있다
낙원을 향해 가는 길
이제는 습관이 나를 이끈다

주일이면 새벽 미명의 길을 걷고
주님이 걸어가신 길
성경의 길을 따르며 살핀다

함부로 부를 수 없는 이름

가슴에 애틋한 이름 하나 품지 않았다면
기다림에 지쳐 헛것을 보지 않았다면
사랑을 말하지 말라

까닭 없는 슬픔으로 인하여
긴 밤
환상으로 지새우지 않았다면
사랑을 말하지 말라

긴 세월 흘러도
또렷한 기억들
문득문득 가슴앓이하는 삶이 아니라면
사랑을 말하지 말라

살아 보니 죽음보다 강하고
명줄보다 질긴 것이
사랑이더라

월하(月下)

풀벌레 소리 가슴 여니
빈 마음으로 선 뜰
선경(仙境)이다

달은 은은한 빛으로 그림을 그리고
나는 그림자를 밟으며
하늘 어딘가에 있다는
설화를 찾는다

은하수로 흐르는 무량한 별
빛의 산란으로 푸르게 빛나는 가을밤
눈이 시리다

바람은 잔잔한데
오늘따라 파도 소리가 우렁차다
피서객 따라온 대왕암 솔향기
돌담 아래 향불로 타오르듯
상큼하다

오늘은 밤을 새워도 좋으리
가면 오지 않을 아름다운 풍경이니까

영화 같은 오후

다섯 시 무렵 일기예보를 기억하고
걸음을 재촉했건만
한강을 건널 때 푸르고 맑던 하늘
땅과 하늘 경계가 없어지더니
세상이 온통 잿빛이다

어둠 서서히 걷히며
바람이 눈송이를 이리저리 흩뿌리더니
칙칙하던 거리도, 어둡던 빌딩 숲도
환생했다

넓은 대지가 한 폭의 비단이 되었다

쌈지공원은 오리 천국
눈에서 태어난 하얀 아기 오리들
가슴에 동심을 안겨 주었다
포장마차 여사장 군고구마 냄새로 유혹하여
후한 사랑 인연 줄에 엮어 건네준 고구마
눈 내리는 길에 서서 먹는 맛
꿀맛이다

어느새 나의 계절도

장벽을 쌓아도 멈춰 세울 수 없는
가는 세월을 어이하랴
영역 넓혀 가는 흰 머리카락, 휘어지는 등
낮이면 맑은 햇살 찾아 양지로 나가고
조석으로 부는 바람 피해 옷깃을 여민다

상념에 젖어 청신의 뜰 거닐던 시절은 옛말
향수를 일깨우던 귀뚜라미 소리마저도
빛바래져 가는 청춘의 마디에 묻고
앰뷸런스 지나가는 소리에 남겨진 시간을 계산한다

삶과 죽음 내 것은 아니라지만
정녕 이 세상 소풍이 아름다웠다 말하기에는
너무나도 짧은 세월이다

나는 어느 사이 가을 길을 걷고 있다
계절, 저 너머 있는 봄
멀지 않은 곳에 오고 있다
희망을 속삭이며

*청신(淸晨): 맑은 첫새벽

사랑의 울타리

어느 해 봄,
진달래꽃 피는 길 걸어와 선 자리
출구 없는 미로와 같은 그대
사랑에 유혹되어 눌러앉은 삶
어느새 사십 년 세월이 흘렀다

인생길 굽이굽이 동행하는 삶의 희로애락
때로는, 꿈속인 듯 환상인 듯
신세계를 향하는 발길
오늘도 행복이란 글자를 새기고 있다

변함없이 기댄 등 평안한 삶
삶의 햇빛이 되어 준 그대
든든한 기둥이 된 아이들
포근하고 넉넉한 마음
인생의 가을
언덕에 오르고서야
감사란 단어에 덧이어 새기는 고백

사랑하는 사람들아
행복의 울타리 되어 주어 고맙소

제3부
길에서 잃은 길

길에서 잃은 길

세 갈래 길에 이르러 방향을 잡지 못한 마음
그림자로 동서남북 가늠하고
흐느적흐느적 오르는 비탈길
인적 대신 산새가 반긴다

방향을 잃는 것이 산행 중에서만
일어난다면 얼마나 좋을까
과학 문명을 펼쳐 놓은 도시의 삶에서는 빈번하다
자로 잰 듯 반듯반듯한 바둑판 미로
넋 나간 사람처럼 때로, 전혀 다른 방향을 향한다

두 눈 뜨고도 이러한데
보이지 않는 맘속의 길
어이 알까
천의 얼굴 가진 카멜레온처럼
입가에 미소, 짙은 화장
인생길 벼랑 밑으로 밀쳐 버리는 위장술이니
돌다리도 두들겨 보고 건너라는 옛말
가슴에 새기고 또 새길 일이다

*박 여사님 남편께서 등산 갔다 만난 여인에게
  퇴직금을 몽땅 날렸다는 간증을 듣고.

지혜로운 지도자

방화대로37길 낮은 언덕을 오르면 구립노인정이 있다
이곳에는 사람 수보다 꽃이 많다
버려졌던 공간 개간한 화단에는 온갖 식물이 있다
라일락 나뭇가지에 걸린 피튜니아
공기정화식물, 벌레잡이식물
진귀한 꽃들이 오고 가는 이들 발길을 멈추게 한다

쓰레기만 날리던 텃밭은 수목원이 되었다
블루베리가 열리고, 감이 익어 간다
신임 회장님 화원 주인이라더니
향기로운 집으로 바뀌었다

마당 구석에 설치한 노상 찻집은 늘 만원이다
의자 다섯 개가 모지리, 시시 인부를 묻고
커피 한 잔으로 사랑을 나눈다
이 마을 유일한 무료 찻집이다

꽃을 사랑하는 한 사람의 따뜻한 배려가
마을 사람들을 사랑으로 이어 주는 징검다리 되었다
마음의 문을 연 사람 꽃을 사랑하는 사람이라면
누구라도 차를 마실 수 있다

호밀밭에서

북한에서 온 피아노 연주자와
양화대교 아래 있는 호밀밭을 갔다
낮과 밤의 경계선 매직아워에 든 하늘은
초를 다투며 구름 색을 바꾼다
저토록 오묘한 빛
어디에 감추었다 펼치는 걸까

코로나가 그어 놓은 금지선 넘지 못해
원두막 오르지 못하고
기둥에 기대선 몸
생명의 근원인 빛
가슴 가득 밀어 넣는다

황혼에 가슴 내주고 받은 선물
형언할 수 없는 기쁨
감탄사로 하늘빛 따라
흐르는 한강의 물결 따라
한라에서 백두까지 민족의 영산을 읊조린다

같은 민족 형제가 머무는 곳이라 해도
자유롭게 밟지 못하는 땅
팔십여 년의 사연
얼기설기 엮어 놓은 철조망
이제는 낡아져 부식될 때도 되었건만
끈질기다

통일이여 어서 오라

평화를 위한 기도

인간의 욕망으로 태어난 *오딘
우크라이나 땅에서 피 맛을 본 후
천지를 휩쓸고 있다
전쟁, 곧 막을 내릴 것이라는
예언자들의 예측은 빗나갔다

생명의 씨앗 움트기를 희망하던 농부의 꿈
영원 속에 잠들고 미래는 어둠 속을 방황하고 있다
지구촌을 향해 절규하는 울부짖음은
점점 관심에서 멀어지고
드니프로강은 핏빛으로 물들었다

자유는 어디쯤에서
한눈팔고 있는 것일까
인간의 두뇌로 태어난 첨단 무기
사람의 생명 앗아가는 도구 되어
무법천지를 만들고 있다

이 시간도 처절한 한숨 소리가 국경을 넘는다
망각의 눈으로 지나간 시간을 덮는다 해도
이전의 삶 회복할 기미는 보이지 않는다

짓밟힌 대지는 다시 푸른빛으로 소생할 수 있을까
끊이지 않는 대포 소리 총소리 천지에 울린다

한 줌 행복의 빛도 허락되지 않은 아침
무너진 집터에서, 사라진 일터가
다시 세워지기를 바라며
눈물로 씻은 밥 한 덩이 받아 들고
자유를 향한 간절한 소원 위해
두 손 모은다

옥수수밭에서 보았던 하늘을 보게 하소서
구름 사이에 뜬 별을 보게 하소서
분홍 콩꽃을 다시 보게 하소서
다리 잃은 아이가 걷는 세상을 주소서
더 잃을 것이 없는 아이에게
마음 기대어 쉴 평화를 주소서

*오딘(Odin): 전쟁의 신, 시의 신

그대는 내일의 희망

사랑하는 이여 우리, 이제 가슴을 열자
펄럭이는 깃발처럼 자유로운 영혼으로

젊음은 우리들의 것
가슴에 세계를 품자 광활한 우주를 향해
날아오를 수 있도록

비록 지금은
어둠 짙은 밤이라 할지라도
아침이 되면 찬란한 빛 속에 흑암은 스러질 테니
생명의 기운 솟구쳐 오르는 대지로 가자

우리들의 삶
언어와 살아가는 풍습 다르고
피부색이 달라도 하늘이 하나이듯
우리는 지구촌 형제자매

우리는 조국의 희망이며 지구촌의 미래이니
힘차게 날아오르자
저 넓은 세상을 향하여
저 높은 우주 공간을 향하여

플럼코트

자두와 살구 종간교배로 신품종이 된 플럼코트
수분 많은 과일
유통기한이 짧아 농민들은 울상
시범 사업으로 보조금까지 지원한 농업기술원은
희망 농가 스스로가 선택한 결과라며 발뺌

꿀벌이 해야 할 일
나비가 해야 할 일
인간이 막지 말라
자연을 자꾸만 거스르면 해답은 불행

하루를 살다 가는 곤충도
목적을 가지고 태어났다
만물의 영장이라고 큰소리치지 말라
주어진 사명 깨닫지 못하고
우왕좌왕하다 인생 끝난다면 금수만도 못하다

신은 태초의 세상을 잘 다스리고 정복하라 했다
얍삽한 두뇌로 개발이란 이름으로
이것저것 뒤섞어 놓는 생태계 교란은
이제 그만 멈추자

공허한 도시

서울역 플랫폼을 빠져나온 몸
광장을 걷는다
길가에 늘어선 소형 천막들
노숙인들을 위한 거처다

앞을 지나는 데 마음이 걸음을 재촉했다
승강기를 타고 오른 고가도로
나무도 꽃도 보랏빛
찬란한 레이저가 하늘을 난다

전남 신안군 박지도, 반월도(半月島)
섬에 가면 모든 것이 보라색
거창 감악산(紺岳山) 산정이 보랏빛
국화가 산을 덮었다

젊은이들의 우상 방탄소년단
쿠키성을 보랏빛으로 물들였다
5차 산업혁명을 향해 가는 시대에
우울, 불안, 중독, 정신질환을 상징하는 색
곳곳에 도색하는 이유는 무엇일까

투탕카멘

이집트 삼천삼백 년의 역사를 국립박물관에서
투탕카멘 파라오의 비밀 발굴 백 주년 기념 특별전
관람을 했다
이집트 신왕국 제십팔 왕조 십이 대 파라오
열 살 왕위 올라 십팔 세 사망
사인은 암살설, 말라리아 의혹이 있지만
풀리지 않았다

조부 아멘호테프, 부친 아케나텐과 투탕카멘
삼대의 빛나는 황금 흉상
주술로 불러들인 독수리, 뱀
장식도 화려한 가면은
십일 킬로의 순금

영원불멸을 꿈꾸었던 왕좌도
금빛 화려한 역사도
헛되고 헛되다

오늘 무엇을 보았느냐
묻는다면
헛된 영화를 보았노라 답한다

빛을 훔치는 도둑

도둑이 날개를 달았다
철통같은 문지기를 세워도 헛수고다
지구촌을 주무르던 대기업도 전산이 뚫리니
수억의 자산, 단 몇 초에 날아갔다
지구촌 뉴스가 되어도 내일이면 잊는다

사람들은 물질을 넘어 혼을 빼앗겨도
도둑이 우글거리는 도시로 몰려든다
이쯤이면 괜찮겠지, 하늘 높이 탑을 쌓는다
회색 도시에 갇혀도 좋단다

소통은 옛말이다 가슴과 마음의 문 닫고 산다
이제는 땅의 것으로는 만족하지 못해
하늘의 것을 훔친다
기후변화 위기를 극복하기 위해
일광(日光)을 훔친다
4차 산업 혁명가들은 신세계를 만들기에 여념이 없다

지구촌의 변화 이것이 정말 친환경일까
창조주께서는 태양의 양기와 달의 음기
지구 존재를 위해 에너지 비례하여 만들지 않았을까

자연의 소리로 가슴을 열자

산중 가족은 맑은 소리를 연주하는 악기
계곡물은 졸졸 흐르고
새들은 훨훨 날고
바람은 솔솔, 나비는 팔랑팔랑

악보도 없는 가사
불협화음 없이 연주하는 자연
천 개의 잎, 만 개의 잎 흔들릴 때
가슴은 모든 것을 내준다

세상살이 겉만 번쩍번쩍하는 부류가 얼마나 많은가
눈 가리고 아웅 하는 자
팔색조가 되어 버린 삶
숲에 깃들어 보라
위선이 얼마나 부질없는 것인지를 깨닫게 된다

인간의 삶, 길어야 백 년
아침 안개와 같다
햇빛 비치면 스러지는 안개
업보에 따른 사후가 있으니
막살지는 말자

가을 휴거

시월 하순이면 단풍 터널이던 벚나무길
밀어닥친 가을 한파로
초록 잎사귀 간혹 남아 흔들릴 뿐
가을은 휴거되었다

앙상한 가지 바들거리는 나뭇가지들
여름 풍파 이겨 낸 보람이 없다

계절을 건너뛴 길
을씨년스럽다

발길마저 뜸해 고요하다
올해는 징검다리 계절
지난해는 봄이 짧다고 했는데
여름 후 차 마시고 났더니 겨울이다

어린 시절 분명했던 봄, 여름, 가을, 겨울
한국의 가을은 유난히 눈부시고 아름다운데
잃어버린 계절은 어디서 만날까

자연의 변화 인간 삶에 대한 경고가 아닐지

입추 무더위

가을이 시작되는 입추(立秋)
종일 오락가락하던 비는
내일 폭우라는 속보를 앞세우고
야단법석을 떤다

빙하가 녹아 온천수가 되었나
앞문 뒷문 다 열어도
식을 줄 모르는 열기는
30도를 고수 중이다

우리나라는 사계절이 분명했었는데
봄의 시간 반쯤 잘라먹고
여름은 제멋대로 늘리고
가을 불투명하다

뻔뻔한 열대야에 잠 빼앗기고
마을 길에 선 몸
골목길 가로등 세고 있다

전쟁 중인가

노아시대 홍수로 세상을 심판
그 이후, 다시는
물 심판은 않겠다며
무지개로 언약을 맺었다고 성경은 기록했다

이천 년 시간이 흐른 지금
종말을 향해 가는 중인가
지구 곳곳이
불과의 전쟁이다

화산이 폭발하고
산불이 일어나고
전쟁으로 불바다가 되고
하늘에서 벼락이 내린다

8월 5일 중남미 쿠바 항구 도시 마탄사스
대형 석유 저장단지에 벼락이 내리꽂혔다
불길은 다음 날 옆 탱크로 옮겨붙었다
AP통신은 사상자가 수백 명이라고 보도했다
지구 불 심판 중인가

검은콩 흰콩

아침 지하철은 늘 인파가
넘쳐 밀리고 밀치며 걷는다
웃음 잃어버린 얼굴들
눈빛과 턱이 소통의 도구

이 세상만으로는 만족 못 해
우주 정복을 꿈꾸지만
세상살이 어울림보다는
나 홀로 삶에 익숙해져 간다

사람에 밀려 승차한 후
앞을 보면
검은콩, 흰콩이 찰랑찰랑
얼굴은 가려지고 콩만 가득하다

하나같이 수그러진 머리
콩 틈새로 새어 나오는 빛
무엇을 뜻하는 것인지
의식은 있는 걸까

삶이 전쟁이다

세종로에 핀 나라꽃

황량하던 세종로에
무궁화나무 백 그루 전시
대한민국의 수도 서울 얼굴 화사하다
전국 각지에서 보내온 명품 나무들
배 불뚝한 항아리에 이름표 달고
살랑거리니 참 곱다

8월 10일은 무궁화의 날 기념일
몇 해를 맞이했건만
꽃나무 수보다 적은 관람객
민족애가 아쉽다
광장을 메우던 인파들은 어디로 갔을까
전시장엔 햇살만 주인 되어
열기를 더한다

이런 날에는 나라 사랑에 미친 사람, 한 사람쯤 나타나
객기 부린다고 누가 탓할까만
종로에 줄지어 선 인파들 나라를 향한 사랑
횡단보도를 건너지 못했는지
노랑머리 한복차림 이방인들만
경복궁으로 줄지어 간다

우이령길

서울 근교에서는 보기 드물게
자연 생태 보전이 잘 되었다는 우이령길
사십 년 만에 문을 열었다

청와대 폭파 지령을 받고 남파한
모 씨로 인해 일반인 출입이 제한되었던 길
인적 없는 틈을 타
나무와 나무가 손잡고
한여름에도 빛 안 드는 터널 길을 만들었다

우이령 조망대에서 본 북쪽으로 뻗은 능선 오봉
다섯 개의 기암괴석 바위 봉우리
형제 넷은 작은 돌 하나씩 머리에 갓을 쓰고
막내 봉우리는 홀몸이다

자연은 그냥 신비다
인간의 어리석은 지혜로 풀 수 없는 신비
창조주밖에 이 놀랍고 오묘한
비밀을 풀 자 누가 있으랴

코드에 걸려 넘어지다

숨 가쁘게 달려온 유월의 언덕
나는 무엇이고
너는 무엇이라고 쓴
글 몇 줄이
심장을 벌렁거리게 했다

월담하여 그어 놓은 숫자 여섯
외계인 코드인가
만물의 영장이란 헛말이다
해독하지 못해 쩔쩔맨다

AI가 이끌어 가는 세상
텔레비전 옆에 놓인 작은 상자가 말을 한다
목소리가 분명치 않아요
다시 한번 말씀해 주십시오
답답함 못 이겨 혼자 중얼거린 말에도
사사건건 간섭이다

애벌레

두 줄기 붉은 점과
긴 수염이 어여쁜 애벌레 한 마리
회양목 나뭇가지를 옮겨 다니며
이리저리 살핀다

나비가 되려는 걸까

낯선 얼굴
반가움에 돋보기 치켜들고
등가죽 어디쯤에 문이 열리나 살폈다

황혼기에 접어 둔 눈빛에도
신비로움은 늘 새롭다

영상 촬영하여 게시판에 올렸더니
곤충 박사님께서 글을 남기셨다
지독한 해충입니다

겉 화려하여 잘못된 이해로 곤욕 치른 일 한두 번이랴
심령의 눈 밝아져 애벌레 뒤편의 모습
볼 수 있기를 마음으로 빈다

지하철에서

아무리 세상살이가 힘겨운 때라 해도
마음에 날개가 돋는다면
몸짓만으로도 천상의 삶 맛볼 텐데
눈과 몸 분리된 듯 살아간다
혼은 무엇을 영은 무엇을
정신은 무엇을 바라보는 걸까
초점 잃은 눈동자들
지구를 통치하는
어느 부류가 쏘아 올린 전자파에 혼을 맡긴 세인들
혼신의 힘 다하여 마음을 바친다

우주 만물의 영향을 받는 고분자화합물
꼬여 있는 이중나선 구조
어느 부분에 티끌 하나라도 달라붙는다면
인생의 길 행복 깨트리는 핵폭탄일진대
금지구역을 넘보는 레이저 광선은 안중에도 없다

근래 멍때리기라는 단어 출몰해
정신 줄 놓고 사는 이들에게 속삭이기를
신세계가 있으니 참여해 보라지만
정신만은 잃지 말아야 할 것 아닌가

소 떼들이 주는 희망

2020 코로나19로 비상 걸린 세상살이
놀란 가슴 쓸어내리기도 전
유례없는 홍수로
영혼이 혼미하다
가혹한 여름이다
사십 일을 넘긴 장맛비
연일 이곳저곳 신기록을 세우는 사건들
한국만이 아니라 지구촌이 새 역사를 쓴다

흙탕물에 떠밀려 터전을 잃은 사람들
형체를 알아볼 수 없는 농토
산이 골짜기가 되고
골짜기가 언덕 되어 희망마저 희미한데
섬진강 소 떼들 해발 531미터 사성암 올라
새 생명 얻어 세상으로 돌아간 질긴 삶
생명의 소중함 불러내어 힘을 준다

수해 입은 분들이여 힘을 냅시다
말 못 하는 짐승들도 사선을 넘는 고투 끝에
평화로운 세상 만났으니
내일은 행복의 꽃 피울 것이라는 희망을 바라보며

환승을 잃어버린 계절

참 묘하다 사 월 십이 일
절기로는 봄 중순인데
폭설이 내렸다는 뉴스
귀를 쫑긋 세운다

며칠 전 기온
오월 초순과 같다고 했는데
계절이 가고 오는 것마저도
자연의 순리를 저버렸다

하기야 다투어 피는 꽃들을 보라
매화가 지면 개나리가 피고
진달래 목련이 피어야 맞는데
자연의 질서 옛말이다

서울보다 한 달이나 빠른 봄을 만끽하던 제주
항공촬영 된 설경은 겨울왕국
자리를 내주어야 할 때를 잊은 계절
탓해서 무엇 하리
세상은 지금 요지경 속인 걸

제4부
그대여 팔월이 되거들랑

그대여 팔월이 되거들랑

그대여
매미 소리 명랑한 팔월이 되면
해안을 따라 울창한 소나무 장관을 이루는
장항 송림 숲으로 오세요

솔향기 그윽한 숲
융단처럼 깔린 맥문동
보랏빛 향연 아름다움에 취하면
가는 여름이 아쉽답니다

이른 아침 안개 내린 길 걸어 보셨나요
송림 가득 차오른 운무
아침 햇살에 스러지면
등 굽은 노송들의 갈색 노래에
인생의 길 더듬어 보지 않을 수 없답니다

꽃길 따라 흐르는 천년 세월의 신비
수목이 뿜는 천연의 향기
숲에 깃들기만 하면
뼛속까지 스미어
그대의 생도 향기로울 겁니다

바람이 가져간 꿈

일출보다 먼저 양귀비꽃을 만나러 왔다
빛의 문 열리자 정열을 토하는 붉은 꽃
빛으로 그린 어둠의 꽃
어울려 춤추니 흥분 고조된 사내들
황홀감에 휘청거린다

뜨거운 가슴 열어젖히고
꽃을 더듬는 사내들
저들은 문명의 도시를 건설하는 21세기 전사들이다
지난밤 춘몽 풀지 못한 심정
바람이 읽어 낸단 말인가
성급히 구름 천막 펼쳐 태양을 가렸다
한순간에 어둠의 꽃은 사라졌다

때맞춰 건널목에 버티고 선 철 사다리
밧줄에 끌려 나온 황토물 길바닥에 쏟아졌다
밀려오고 사라지는 의미도 없는 색상들
미쳐 돌아가는 세상의 욕정
멈춰지지 않는 변고
햇살 한 줌이면 찢긴 가슴 회복될 터인데
빛 잃은 무리들 잿빛 세상 방황 중이다

느리게 지는 목련

언덕 위 하얀 집에는
하얀 목련, 자주 목련 부부처럼 서 있다
흰 꽃은 삼월을 넘기지 못하는데
그 집 아이 두 볼 닮은 자주 목련
사월이 다 가도록 싱그럽다

해마다 봄 뜰에 피어
살랑살랑 꽃으로 등불 켜는 꽃
마을이 환하다
세월은 흘렀어도 꽃송이들
그 아이 대학 들어갔을 때 얼굴빛이다

생명의 길 뉘 알까
산다는 것이
마음대로 되는 것은 아니지만
꽃 같은 나이에 하늘의 별이 되었으니
부모 심정 꽃잎 살랑일 때마다
말이 아닐 게다

이 시간도
나무 아래 서성이는 저 마음에는
애 닮은 그리움
초승달처럼 떠가겠지

어느 별 스칠 때
별이 된 아이
볼 수 있을까 하여

들꽃 핀 언덕에서

토끼풀꽃 하얗게 핀 언덕에 쪼그려 앉아
클로버를 찾는 소녀들
웃음소리 하하, 호호
행복의 꽃 피운다

맛깔스러운 소녀들의 입담
창공을 오르내리는 까치들의 행진
모두가 아름다운 자연이다

풀잎 사이 구절초 한들한들
바람이 부는 대로
온몸 내어 맡긴
춤사위가 예쁘다

눈 속에 든 풍경
바라보는 것만으로도 좋다

하늘빛마저 푸르고 맑아
행복 깃든 마음
꿈인 듯하여라

부활의 계절

암울한 시대는 지나갔다
얼었던 땅은 녹고
땅을 뚫고 나오는 가녀린 생명들
초록빛 노래로 대지는 옷을 입는다

짧게는 일 년, 더러는 몇 년, 야생을 꿈꾸었다
성질 급한 아이들은 먼저 꽃이 되어
빛의 원근법으로
눈동자와 가슴 사이를 오가며
시의 언어를 흩뿌린다

목련은 하얀 눈빛으로
진달래는 연분홍 얼굴로
한 연의 시가
부활의 동산을 물들인다

올해도 첫 생명
꽃으로 피우신 임이여
이 땅을 품으소서
낮의 길이 점점 길어지는 뜰에
향기로운 평화 깃들 수 있도록

하회마을에서

해가 돋자 마을 어귀로 나갔다
투명한 햇살 내리는 마을은
수많은 깃털 팔랑이는
거대한 새

벼를 심기 위해 준비해 놓은
거울이 된 논에는 반영의 그림자
웅장하다

외인을 맞이하는 하늘의 축제인가
해 돋은 하늘 양편에
팔로 태양을 안은 듯
안으로 굽은 무지개가 떴다

마을을 감싸안고 흐르는 낙동강
만송정과 부용대 풍화된 역사가 가슴을 연다
수백 년을 한마을에 사는 사람들
오늘은 내 마음도 선비 되어
*류 씨 어른을 칭송한다

*류 씨: 친할머니

하일반 아가씨

바다가 그리운 날
코로나 세상을 항해한 친구와
을왕리 바닷가에서 만났다
유행의 덕택으로 이십 년 세월 되돌린 친구
못 알아본 것은 내 탓이 아니다
파도는 하얀 포말을 일으키며 환호했다
해안을 따라 걷다 바위 위에 핀
나리꽃을 보았다
어디에 뿌리를 내린 것일까
파란 하늘에 줄기 기댄 몸 주근깨가 매력인 얼굴
세상 유행을 모르는지 자연 그대로의 미
참 곱다

고개마저 숙이고 화사하게 웃더니
마음을 훔쳤다

도시로 돌아온 삶
두 계절이 지났건만 높은 곳만 바라보면
주근깨 가득한 주홍빛 아가씨 나를 내려다본다

*하일반(夏日斑): 주근깨를 뜻함

혜초섬

서울역에 가면 혜초섬이 있다
섬은
늘
향기를 찾는 사람들로 북적인다

나는, 가끔
바다가 그리울 때 찾는다
비릿한 바다 향기 한 접시 받아 들면
눈이 먼저 즐겁다

노릇노릇한 조기 비스듬히 누워
큰 눈 동그랗게 뜨고 올려다봐도
살을 떼어 내는 젓가락은
망설임이 없다

객기에 절여진 잔인한 가슴
숭고한 생명을 잘근잘근 씹으면서도
먼 바다 이야기라든가
살아온 길에는 관심도 없는 듯
뼈를 분지르고
눈알을 빼고 살과 뼈를 분리한다

신비한 새

개화산에는 저녁 여섯 시만 되면 우는 새가 있다
청동의 거친 몸에서 태어나
공기를 먹고 사는 진폭새
날개도 없이 세상으로 온다

새는 신비한 울음을 운다
미세한 울림마저도
세상을 향한 설법이다

평생, 바람의 시녀로 살다 소멸하는 삶
무슨 사명이 그리 크기에
살을 깎아 울음을 우는 새가 되었는가
몸을 쳐서 법을 전하는 새가 되었는가

쇠 벽에 새겨지는 역사는
오늘도 창공의 바다를 떠도는
새로운 삶을 위한
노래라고 쓴다

가을 수종사에서

하늘 푸르고 청명한 가을날 수종사에 올랐다
수많은 세월 굽어본 은행나무 아래 서서
바람의 설법을 듣는다

두물머리 향해 선 몸
잎사귀 흔들어 허공에 그리는 가락
맺어지고 끊어진 인연 돌아보며
오장육부 부풀린 기운을 뿜어낸다

햇살 위로의 등 두드림은
체중까지 쓸어내려 홀가분해진 심정
강물에 실려 흐르고 흐른다

번뇌 씻긴 마음 사색에 잠겨
산 아래 마을 바라보니
자연만이 그려 낼 수 있는 수려한 산수화

세상살이로 찌든 몸의 흐느낌
바람은 어찌 알았을까
몸 밖의 일 잠시 잊었는데
눈에 보이는 세상이 온통 금빛이다

송다의 작품

베트남에 기원을 둔 태풍 송다
제주 상공을 지나며 물 폭탄을 터트렸다
메말랐던 평지에 시내가 흐르고
엉또폭포 환생했다

신문들은 앞다투어 송다의 선물
위대하다 경이롭다 극찬을 했다

뉴스에 이끌린 마음
벌떡 일어나 관악산 계곡으로 향했다
물풍년이 들었다
산을 오르는 길 곳곳이 물이다

계곡은 깅이다
천수가 만든 작품 곳곳에서
우렁찬 함성이 터져 나왔다
도시의 공해로 막혔던 귀가 열렸다

메아리로 들리는 자연의 소리
눈동자에 비친 경이로운 비경 가슴으로 쓴다
자연은 위대하다고

교동의 밤

피서를 온 것인데 갇힌 몸이 되었다
사흘째 사립문만 응시하고 있다
여전히 비는 세차게 내린다
섬은 황량하다
바람이 문을 흔드는 소리만 들릴 뿐
인기척이라고는 없다

대룡시장을 함께 거닐던 이들을 생각한다
저마다 한 아름씩 기쁨을 안고 도시로 간 사람들
강아지떡을 웃음으로 삼키던 사람들
낯선 사람도 친한 벗인 듯 동행하던 사람들
혼자 남은 것을 후회하며 깊은 생각에 잠긴다

소쩍새는 두어 시간 울다 잠이 든 듯
솔부엉이 구애 소리 꼬옥꼬옥 뒤를 잇는다
귀에는 꼭꼭 소리로 들린다
천지사방이 암흑이니
고요한 시간을 깨는 새소리도 무섭다
낮과 밤 다른 얼굴의 농촌
초록빛 평화를 따라왔는데
밤하늘의 별 하나 보지 못한 채 떨고 있다

오늘은 내 인생도 금빛

금수강산 초록빛 짙어 갈 무렵
우정이란 버스에 실려 떠난 여행
황금물결 찰랑이는 밭가에 서니
윤기 흐르는 수염, 통통한 이삭 위에
푸르던 날 맺은 인연 넘실거린다

양귀비 몇 송이 품은
풋풋한 향내 맡기도 전
때아닌 소나기에 온몸 내주고
처절한 나그네 되어 되돌아간 추억

그날처럼 밭가에 둘러선 이들의 수다
행복 변천사를 쓰고 있다
난생처음 본 풍경에 취하지 않을 인생 어디 있겠는가
금빛에 반사된 얼굴
까르르까르르 쏟아내는 웃음소리
신명 난 잔칫날이다

보리밭 이랑마다 출렁이는 금물결에 취하고
살얼음 동동 띄운 복분자에 취하고
웃음으로 가슴 채워 이 시간 우리는 모두 금빛 인생

수빙(樹氷)

어제까지만 해도 가을 기온이
왜 이리 덥냐고 투덜거렸는데
아침 풍경은
딴 세상이 되었다

안개구름 얼려 꽃을 피웠다
단풍도 들기 전
하얀 꽃으로 덮인 산책로
세상이 꽃이다

풀잎마다 핀 하얀 상고대
상고대가 순우리말이라는 것에
감탄사로 예쁨을 표현한다

갑작스레 찾아온 한파
영하의 기온이 안겨 준
자연의 선물
한 편의 시로 역사를 기록한다

불가사의 풍경

높은 곳에서 일출을 보겠다고 선유교 중앙에 섰다
물과 육교 사이 에어벽 설치라도 되었나
교량 위는 바람 잠잠한데 물은 동쪽으로 흐른다
빗살무늬 물결 위로 솟은 새해 첫 일출
한강에 뿌리를 내렸다

길게 뻗은 뿌리는 하늘과 땅을 잇고
태양은 힘차게 솟아올랐다

어둡던 세상 밝아지니
만물이 환호한다
강변의 버드나무 연둣빛 가지 살랑살랑
겨울의 정점이라 여겼던 고정관념을 깼다

강 건너 두 개의 굴뚝에서 피어오르는 연기
갖가지 형상을 만들고는 허공으로 흩어진다

태양을 바라보고 선 몸
두 손 모으고 기원한다
마음의 소원 이루게 하소서

서래섬

수도 서울에 섬이 있다
동작대교와 반포대교 사이에 있는 작은 섬
이곳은 어느 곳에 머물러도
화려한 도시와 남산의 높은 탑
한강을 떠다니는 유람선을 볼 수 있다

서래는 꽃섬
철 따라 피는 꽃
거닐기만 해도
마음 향기로 채워진다

봄에는 유채꽃
가을에는 메밀꽃
서울에 이만큼 아름다운 곳이
또 있을까

살다 마음이 슬픈 날
살다 가슴이 답답한 날
도시를 벗어나지 않고도
갈 수 있어 좋다

인성암

그리움 안고 찾아온
실성산 자락 천년의 세월 품은 인성암
제석천(帝釋天)과 십일 일신
칠 위의 천동(天童)이 연주하는 신중도(神衆圖)
석좌보살상(石造 菩薩坐像) 돌담 기와마저도
성현의 손길 옛 모습 잘 보존되어
눈빛 닿는 곳마다 감탄사 자아낸다

머물고 싶은 풍경 뒤로하고
산그림자 머리에 이고 걷는 길
절기는 우수인데
계곡을 덮은 얼음 아래
물 흐르는 소리 명랑하다

몽실몽실해진 산수유
꽃 피울 날 멀지 않은데
바람이 차다

꿈에도 흠모하던 신라의 역사
친견한 환희 가슴 벅차
먼 길도 지척인 양 즐겁다

대지(大地)의 공주여

아직 줄기 여린 풀은
잎사귀 바람에 쓸려
이리저리 몸 눕히고
양귀비꽃을 올려다본다

초록빛 잔잔한 들에 서서
횃불을 든 소녀
정열을 토해 내는 얼굴
모진 바람에도 꿋꿋하다
뜨겁다 못해 검붉은 빛으로
양기를 뿜어내는 꽃송이들
복사된 태양이다

납작 엎드리고 무릎을 꿇은 잡초들은
비단결 고운 잎 살랑이는 몸짓에
넋을 잃었다

한 몸 헌신하여
누군가의 삶을 빛나게 하는 일이
말처럼 쉬울까

제5부
송죽매가 그린 풍경

송죽매가 그린 풍경

도심 속 천년 고찰 봉은사 언덕을 올랐다
포근한 햇살을 받는 여인 셋
숲과 어울린 풍경
명화의 한 장면이다

저들의 대화
경청하지 않았지만
눈빛으로 읽는 정
뜨겁다

가지 휘어져 미륵대불전을 품에 안은 소나무
다래헌 울타리가 된 대나무
영각 뜰의 홍매화
멋진 자연의 세한삼우(歲寒三友)

핑크빛 꽃술 연 홍매 향기 심장을 벌름이게 한다
절기는 봄 문 열었어도 아직 바람은 매섭다
바람 세고 춥다 해도
벗 셋만 있으면
인생의 길
명암 은은한 동양화 한 폭 아닐는지

꽃놀이 가자

말을 하면 뭣 하나
귀를 닫아 둔 것을
잔소리하면 뭣 하나
소귀에 경을 읽는 게 낫지

담장 밖은
봄꽃 피어 향기로운데
문 꼭꼭 닫아 잠근 빗장 안 세상
아무리 봄이라 외쳐도 냉랭한 겨울

문틈으로 새어드는 포근한 햇살
먼 바다를 건너온 부드러운 바람
느낌 없는 영혼은 감지조차 못 하지

겨울이 간들 봄이 온들
눈 감고 귀 막은 이들에게 무슨 상관이 있으랴

마음아, 마음아 아름다운 봄인데
꽃놀이 가자

극락조

극락정토에 산다는 가릉빈가(迦陵頻伽)
머리와 팔은 사람
몸은 새

상상의 새
소리가 매우 아름답다지요

새를 그리워하는 사람들
유물의 기와 불탑 승탑에 조각을 새기는데

화순 쌍봉사는
철감선사탑에

문경 봉암사는
지증대사 적조탑에

구례 연곡사는
동승탑 서승탑 북승탑에 새기고

밤낮 두 손 모아 빌지만
아직 본 사람이 없다네요

승두화(僧頭花)

선명한 낮달 뜬 초여름 오후
식물원 탐방 길에 만난 희고 동그란 꽃
세상사 궁금한 듯 길목 막아선 얼굴
꽃송이 무게만큼 고개를 수그렸다

가야 할 길 잃고 망부석이 된 몸
손끝에 닿은 하얀 감촉
가슴으로 밀어 넣는다

뜨거운 태양이 대수랴
흘러내리는 땀방울
정수리에 피어오르는 열기 아랑곳없이
잘난 체하던 마음 숙연해졌다

말없이도 마음을 여는 꽃
봄내 줄기 가득 길어 올린 것은 무엇일까
대지의 어떤 DNA 영향을 받은 것일까
꽃잎에 눈 맞추며 창조의 비밀을 푸는 악보를 그린다
백지가 된 마음으로

성당의 감나무

명동성당에 가면
뜰에 감나무 한 그루 있다
정결하게 관리된 나무와 나무 사이에
단풍나무와 감나무

가을색 짙은 나무들
실루엣이 된 빨간 단풍잎
감나무 가지 사이에서 잎사귀 나풀나풀
마치 감나무에 단풍잎이 달린 듯 보인다

가지 휘어지게 열린 감
분 뿜은 모습, 서리 옷 입은 듯 싱그럽다
붉고 탱탱한 감
눈에도 맛보는 기능이 있는지
침이 고인다

서울의 심장 명동에
감나무 있어
어린 시절 맛보았던 향수를 부르니
고향의 그림자
깃들지 않은 곳이 없구나

마음을 읽는 꽃집

태양이 황도를 따라 북쪽으로 이동하여
하늘의 적도와 만나는 날
성북동 길을 걷다
거리의 꽃집에서 발길이 멈췄다

허브 향기에 마취된 몸
마음 고스란히 읽히고 말았다
꽃이 읽어 낸 문장은
소녀의 감성

오월이 되어야 출현하는 성충
타인의 계절 배회하는 박각시나방
생체탐험 맛 들인 눈빛
미행하는데 두 시간
눈 깜빡할 사이 지나갔다

한시도 멈추지 않는 날개
몸보다 긴 더듬이
많은 꽃 가운데 제라늄을 즐겨 찾는다
로즈제라늄은 해충 퇴치용으로 심는다던데
이론과 실제 거리가 멀다

선운사 동백나무

선운사 동백나무 꽃 등불 살랑살랑
나그네 가슴앓이 말끔히 소멸하니
발걸음 구름 위 걷듯 사뿐사뿐 걷는다

산자락 붉게 물든 빼어난 자연경관
울창한 고목 수관(樹冠) 세인들 참배하고
동백꽃 수려한 자태 묵객들이 예찬한다

산기슭 울긋불긋 활짝 핀 꽃송이들
우람한 동백나무 고창군 자랑일세
선운사 천연기념물 대한민국 큰 보물

행복을 찾는다면 얼른 오소
고승의 선정경지 무언설법
이른 봄, 꽃으로 손짓한다
생은 뜨겁게 사는 것이라고

선비화

부석사 조사당 추녀 아래
천년 세월 지나도록
이슬 한 방울 마시지 못한 채
바람의 매질 끊이지 않는 골담초

지팡이에서 몸 얻은 생이라면
누가 믿겠냐마는
의상 스님 설법으로 부활한 선비화
탐욕의 손길 피해 창살에 갇혀 산다
업보가 얼마나 무량하면
평생을 햇살 한 번 받지 못할까

늦은 봄 황금빛 나비 되어 날다
붉은 몸 꽃비로 뿌리면
천지사방에서 몰려오는 중생들
친견은 한나절 햇살이더라

나무 닭발 되던 날

서슬 퍼런 맹추위 기승을 부리는 날
낮은 기온만으로도 등골이 오싹한데
나뭇가지 잘라내는 전기톱 소리에
진저리가 쳐진다

범계 맨의 손길 따라
날 선 톱날에 잘려 내동댕이쳐지는 가지들
비명 소리가 날카롭다
참수당한 가지들 얼기설기 쌓이는 회색 무덤
상상도 못 했던 현실 앞에 박제가 된 눈
몸통만 남은 나무 너머로 찬란했던 계절을 본다

우뚝 솟아 태양의 이글거림을 노래하던 가지
울타리 너머 세상 엿보던 가지
그늘에 숨어 여리게 자라던 가지
모두 잘려 나가 벌거벗었다

앙상해진 나무 사이로 하늘을 올려다보았다
구름 한 점 없는 검푸른 하늘에
한 무리의 기러기가 날아갔다
끼룩끼룩 끼루룩……
배열을 다시 정하는 새의 행렬
찰나였다
몸통만 남은 나무에 검은 꽃으로 피었다

도라지꽃

죽은 줄 알았던 묵정밭에
생명의 바람이 분다
품을 연 대지는
싹을 냈다

날이 가고 달이 바뀌더니
갈색 줄기는 초록으로 탈바꿈했다

촉수를 곧추세운 몸
허공에 길을 내며 달린다

마디 툭툭 불거지며 산란 부추기더니
유월의 바다에 별이 떴다
신비의 보랏빛, 청결한 백색
빛과 바람으로 태어난 몸
얼굴은 꽃이요 형상은 별이다

솟대의 장엄함이 흔들리는 계절
잠시 머물다 가는 별

억새

은빛 깃털 눈부시면 뭐 하나요

평생을 펄럭여도
뿌리에 잡혀
한 뼘도 날 수 없는 몸

그저 이름만 허울 좋은 새입니다

내 꿈이 무엇인지 아세요
저 높고 푸른 하늘
신나게 날아보는 거랍니다

벌써, 봄

한파라더니 강릉 15도
대도호부 관아에 홍매화 개화했단다
서울도 예년보다는 포근하다
햇살이 좋아 강변으로 갔다
따뜻한 기후 영향인지 산책하는 이들이 많다

양지는 벌써 파릇파릇
쑥은 손가락 한 마디를 자랐고
냉이는 마른 잎들 사이로
새싹을 키웠다

쪼그려 앉아 봄을 훔치는 여인들
상상도 못 했던 광경에 놀라
그녀들이 채취한 봄 향기에 가까이 갔다
상큼한 냄새가 좋다

아직 계절은 한겨울인데
자연의 신비 놀랍다

다시 동면에 든 봄

한때 비무장지대를 거닐던 남북 정상
이전의 삶으로 돌아간 후
세상은 다시 겨울이 되고
동면에 든 평화의 소원
깊은 잠에 취해 깨어날 줄 모른다

그야말로 세상은
칼바람 몰아치는 계절이다
진보와 보수의 갈등
의원들의 패싸움
노동자들의 피맺힌 절규

하나같이 들려오는 소식은
희미한 빛도 보이지 않는
어둠의 터널
우크라이나 민간인 아파트
폭파되었다는 뉴스
텔레비전 화면에 나온다

지구촌의 봄
어디쯤 오고 있는 걸까

자귀나무

분홍 부챗살 활짝 펴 든 나무는
살랑살랑
바람 그네를 탄다

초록 손가락 사이를 헤집는 바람
꽃술에 맑은 햇살을 부린다

강렬한 빛
겹침 세포 속 수분 밀쳐 내어
잎을 닫는다

홀아비 없는 잎
짝 이뤄 합방하니
눈빛 마주친 야합수(夜合樹)
나무도 사랑하면 몸을 맞대는구나

사랑나무

긴 콩꼬투리가 다닥다닥
갈색 열매 긴 겨울 내내 찰랑찰랑
봄을 부른다

바람에 장단 맞춰 열매 부딪치는 소리
소녀들의 수다스러움 같다 하여
여설수(女舌樹)
이름도 예쁘다

『동의보감』에 기록되기를 껍질은
오장을 편안하게 하고 정신과 의지를 안정시키며
근심을 없애고 마음을 즐겁게 한다네
현대어로 말 줄임 하면 신경안정제

기생충으로 항문이나 목구멍이 가려울 때
연기를 들이켜거나 좌욕을 하면
즉시 낫는다
껍질은 비누로 사용한다

부부의 금실을 좋게 하는 나무이니
한 그루 심는 것은 어떨까

여름 가객

맥문동 잎사귀에 매달려
생(生)을 그리는 발자국
벌써 몇 시간째인가

짧으면 칠 년, 길면 십사 년
긴 어둠에 비하면 반나절의 시간은
꿈에서도 날아갈 일
아니던가

꿈틀꿈틀 움직일 때마다
한 마디씩 터지는 갑옷
산홋빛 그물망 날개
신비롭다

저 조그만 갑옷 속에 비밀이 있었네
눈부신 날개 좀 봐
천하를 울리는 호령 소리는 어디에서 나는 걸까
환골탈피 하는 매미 앞에 쪼그려 앉은 마음
이 여름 행복으로 채워 줄
가객의 노래 기대한다

아마존 가시연꽃

아마존에서 이민 온 큰 가시연꽃
하늘에서 내려온 청수로 입욕한 정결한 몸
대관식을 위해 하얀 성문(聖門)을 연다
향기에 취한 딱정벌레 신랑 입성하면
꽃잎 대문 걸어 잠근다

하루가 지나, 둘째 날 저녁이 되면
다시 잠긴 문 활짝 여는 꽃
분홍 드레스 눈부시다
달님 별님 축하객 모신 후
자정이 다가오면 대관식을 치른다
예식이 절정에 이를 때면
하얀 치마에 분홍 저고리 핑크빛 왕관을 쓴
화려한 밤의 여왕으로 서듭니다

임무 수행을 마친 여왕
향기마저 거두어 안은 채
꽃잎 모아 안고 물속으로 가라앉는다

*빅토리아수련은 첫날은 흰 꽃, 둘째 날은 분홍색 꽃, 대관식을 치를 때는 아래로 내려가는 꽃잎은 흰 색이고, 중간 부분은 분홍색, 꽃술은 진분홍색이다.

마음을 읽다

중국에서 태어나
싱둥한 빛 자랑하던 백송
협약이란 국가 간의 조약을 따라 서울로 왔다

옷 한 벌이면 평생을 살아도 행복하던 삶
문명의 이기에 결박되어
겉늙은이가 되었다
목숨을 가졌어도 인형처럼 살아야 한다

자유 의지의 삶은 없다
함지박에 발가락 꾸겨 넣고
낮에는 정수리 벗겨지는 열기
밤에는 불빛으로 인하여
생고생을 한다

희고 고운 살결이 가문의 전통이라 했는데
계절 없이 껍질 벗겨지는 몸
무례한 인간들의 손에 영육이 까맣게 질려
생명의 불꽃까지 위태롭다

빙하를 뜯어먹는 태양
기후 스트레스 주범이라지만
동짓달 선물이라고 입혀 준 볏짚
바람과 호흡 맞춰 부르는 노랫소리
참 별스럽다

젊은 향기로 지키던 기름진 옥토
꿈속에도 그립다

신재미 제3시집
영원한 사랑을 위하여

제1판 1쇄 인쇄 · 2024년 6월 10일
제1판 1쇄 발행 · 2024년 6월 15일

지은이 · 신재미
펴낸이 · 이종기
펴낸 곳 · 세종문화사
편집 주간 · 김영희

주소 · (03740)
　　　서울 서대문구 통일로 107-39, 223호
　　　E-mail: eds@kbnewsnet
전화 · (02)363-3345, 365-0743~5
팩스 · (02)363-9990

등록번호 · 제25100-1974-000001호
등록일 · 1974년 2월 1일

ISBN 978-89-7424-202-2　03810

값 12,000원